REZEPTE
aus dem Burgund

GÉRALD CARPENTIER
Fotos und Styling SÉBASTIEN MERDRIGNAC

Éditions **OUEST-FRANCE**

Inhaltsverzeichnis

Kalte Vorspeisen **4**

Geflügelgerichte **28**

Warme Vorspeisen **9**

Fleischgerichte **32**

Fischgerichte **23**

Nachspeisen **40**

Kalte Vorspeisen

Tomatenterrine mit Vézelay-Ziegenkäse

Für 8 Personen

1,5 kg Tomaten
4 cl Weinessig
5 cl Nussöl
10 g gehackter Knoblauch
10 g gehackte Petersilie
15 cl Milch (am besten Vollmilch)
15 Blatt Gelatine (entspricht 37,5 g)
2 Eigelb
10 cl Schlagsahne
250 g Ziegenkäse
Salz, Pfeffer

- Die Tomaten auf der Oberseite mit der Messerspitze kreuzförmig einritzen, 15 Sek. in kochendes Wasser tauchen und sofort abschrecken. Die Tomaten häuten, vierteln und entkernen. Das Tomatenfleisch im Mixer pürieren. Essig, Öl, Knoblauch und Petersilie zugeben, mit etwas Salz und Pfeffer abschmecken.
- Die Milch aufkochen und die zuvor in kaltem Wasser aufgeweichte Gelatine darin auflösen. Die Milch zum Tomatenpüree geben und die zwei Eigelbe darin unterrühren.
- Die Schlagsahne steif schlagen und unter das Tomatenpüree heben. Ggf. mit etwas Salz und Pfeffer abschmecken.
- Eine ca. 24 cm lange Kastenform abwechselnd mit einer Schicht Tomatenpüree und einer Schicht in Stücke geschnittenen Ziegenkäse füllen.
- 6 Std. im Kühlschrank fest werden lassen. Sehr kalt servieren.

Salat mit Andouillette aus Chablis und Grieben

Für 8 Personen

500 g Flom
(Schweinespeck oder
-nierenfett)
2 Kartoffeln
1 Teelöffel Senf
10 cl Weinessig
1 Schalotte
30 cl Rapsöl
1 bis 2 Köpfe
Endiviensalat oder
Löwenzahnsalat
4 Andouillette-
Würste aus Chablis
Salz und Pfeffer

- In einem Topf den in kleine Stücke geschnittenen Schweinespeck auf kleiner Flamme auslassen. So lange braten, bis die Grieben schön knusprig sind. Die Grieben und etwas Bratenfett zur Seite stellen.
- Die Kartoffeln in Salzwasser kochen, abkühlen lassen und in Scheiben schneiden.
- Zur Zubereitung der Vinaigrette 1 Teelöffel Senf mit Salz, Pfeffer, Weinessig und fein gehackter Schalotte verrühren. Mit einem Löffel Rapsöl unterrühren, bis eine Emulsion entsteht.
- Den Salat waschen und trocknen.
- Die Kartoffelscheiben in etwas Grieben-Fett erhitzen. Die rohen Andouillette-Würste in Scheiben schneiden. Alle Zubereitungen mit dem Salat anrichten und servieren.

Im Burgund werden die Beursaudes genannten, knusprigen Grieben i.d.R. zum Aperitif gereicht. Sie werden auch zu Geflügelbouillon und zu Galettes mit Quark und Johannisbeergelee serviert.

Geschmorter Ochsenschwanz in Aspik

Für 6 bis 8 Personen

2 kg Ochsenschwanz
5 cl Öl
50 g Butter
100 g Speckwürfel
1 Kalbsfuß
1 kg Möhren
5 Blatt Gelatine
Salz, Pfeffer

Für die Marinade
1 Flasche Rotwein (Burgunder)
1 Esslöffel Weinessig
5 cl Burgunder-Tresterbranntwein
1 Zwiebel
2 Möhren
1 Stange Porree
1 Knoblauchknolle
1 Gewürzsträußchen
(Petersilie, Thymian, Lorbeer)

Am Vortag
• Ochsenschwanz samt Knochen (vom Fleischer) in Stücke zerlegen lassen und 12 Std. in der zubereiteten Marinade marinieren lassen.

Am Tag der Zubereitung
• Den Ochsenschwanz abtropfen lassen und mit den Speckwürfeln in einem Topf in Öl und Butter anbraten.
• Die Marinade, das Gewürzsträußchen und den halbierten Kalbsfuß zugeben.
• Im geschlossenen Topf 2 Std. garen lassen.
• Die Schwanzstücke herausnehmen, das Fleisch vom Knochen lösen und zerkleinern. Das gelöste Fleisch 1 weitere Stunde mit den in Scheiben geschnittenen Möhren und etwas Wasser kochen lassen.
• Zum Schluss die zuvor in warmem Wasser eingeweichten fünf Blatt Gelatine in die noch heiße Fleischbrühe geben.
• Die Zubereitung in eine Terrine füllen und im Kühlschrank fest werden lassen. Kalt servieren.

Petersilien-Schinken-Sülze

Für 8 Personen

1,5 kg leicht gepökelter Schinken
1 leicht gepökeltes Eisbein
2 Schweinsfüße
1 l trockener Weißwein (z.B. Aligoté)
1 Zwiebel
2 Möhren
4 Schalotten
1 Knoblauchknolle
1 Bund Suppengrün (Porree, Sellerie, Petersilie)
10 cl Weinessig
100 g gehackte Petersilie
Thymian, Lorbeer
Schwarze Pfefferkörner

- Zunächst Schinken und Eisbein 6 Std. wässern.
- Dann den Schinken und das Eisbein in einem Topf mit kaltem Wasser auf mittlerer Flamme 30 Min. vorkochen.
- Das Fleisch abtropfen lassen und es mit den zwei Schweinsfüßen, 1 l Weißwein, Zwiebel, Möhren, Schalotten, Knoblauch, Suppengrün, Thymian, Lorbeer und einigen Pfefferkörnern in einen Topf geben, mit Wasser bedecken und zugedeckt 2 Std. auf kleiner Flamme köcheln lassen.
- Schinken und Eisbein abtropfen lassen und in große Würfel schneiden.
- Sud auf ca. 1 l einkochen lassen und durch ein Haarsieb in eine Schüssel gießen.
- Weinessig zugeben.
- Etwas Sud in eine kleine Schale gießen und den Rest zur Seite stellen.
- Schale 30 Min. ins Tiefkühlfach stellen und gelieren lassen. Sollte nach 30 Min. kein Gelee entstanden sein, vier bis fünf Blatt zuvor in warmem Wasser eingeweichte Gelatine in den restlichen Sud einrühren.
- Schichtweise eine Terrine mit den Schinken- und Eisbeinwürfeln, dem restlichen Knoblauch, den gehackten Schalotten und der gehackten Petersilie auffüllen.
- Jede Schicht mit etwas abgekühltem (aber noch nicht festem) Gelee übergießen.
- Die Terrine 12 Std. in den Kühlschrank stellen.

Im Burgund wird der Petersilien-Schinken auch Osterschinken genannt. Früher war es Brauch, Schweine erst nach dem 11. November zu schlachten. So wurde nur am Sankt-Martins-Tag frisches Schweinefleisch gegessen. Der Rest, so auch der Schinken, wurde im Pökelfass bis zur Osterzeit konserviert.

Corniotte (Käsetaschen)

Für 6 Personen

Blätterteig
8 g Salz
20 cl Wasser
400 g Mehl
300 g Ziehbutter

Füllung
1,5 kg Quark
4 ganze Eier
100 g geriebener Gruyère-Käse
12 g Salz
2 g weißer Pfeffer und geriebene Muskatnuss

Zwei Tage zuvor
- Den Quark einen oder zwei Tage abtropfen lassen.
- Die Margarine bei Zimmertemperatur weich werden lassen.

Am Tag der Zubereitung
Zubereitung des Blätterteigs
- Salz ins Wasser geben, das Mehl hinzugeben und so lange kneten, bis ein glatter Teig entsteht.
- Den Teig kreuzförmig ausrollen und die Ziehbutter darin einwickeln.
- Den Teig 5 mm dick und 15 bis 20 cm breit ausrollen.
- Den ausgerollten Teig dreifach zusammenschlagen und um eine Vierteldrehung nach rechts drehen.
- Den Vorgang fünf Mal wiederholen. Beim sechsten Mal ca. 20 cm große Kreise ausstechen.

Zubereitung der Teigtaschen
- In einer Schüssel den Quark mit den ganzen Eiern, Gruyère, Salz, Pfeffer und Muskatnuss verrühren.
- In die Mitte der ausgestochenen Teigkreise etwas von der Zubereitung geben und die Kreise zu kleinen Taschen formen und schließen.
- Die Teigtaschen mit Eigelb bestreichen.
- 30 Min. bei 180°C (Stufe 6) im Ofen backen.
- Warm zu grünem Salat servieren.

Blätterteiglinge und vor allem die mit Käse gefüllten Corniottes sind ein wichtiger Bestandteil der burgundischen Küche. Die süße Variante der Corniottes mit gesüßter Quark- und Obstfüllung wurde hauptsächlich als Nachspeise zu Himmelfahrt serviert.

Käsewindbeutel

Für 8 Personen

---

25 cl Milch
5 g Salz
250 g Mehl
125 g Butter

5 ganze Eier
150 g Gruyère oder Comté-Käse

- In einen Topf Milch, Salz und Butter geben und aufkochen lassen.
- Mehl unterrühren und auf kleiner Flamme 4 bis 5 Min. erhitzen (abbrennen), bis sich ein Kloß bildet, der nicht mehr am Topf klebt.
- Den Brandteig abkühlen lassen und die Eier nach und nach mit einem Holzlöffel untermengen.
- Den Käse in ca. 3 x 3 mm große Würfel schneiden und zum Teig geben.
- Solange rühren, bis ein glatter Teig entsteht.
- Mit zwei Löffeln kleine Kugeln formen und diese auf ein gefettetes Backblech legen. Die Kugeln mit Eigelb bestreichen.
- 20 bis 25 Min. bei 170°C (Stufe 5/6) im Ofen backen.

Im Burgund werden Käsewindbeutel oft als Häppchen an Festtagen oder bei Weinproben serviert. Mit Champignons oder Weinbergschnecken gefüllt können sie aber auch als Vorspeise gereicht werden.

Tarte mit Époisses-Käse

Für 6 Personen

Mürbeteig	Füllung
250 g Mehl	3 Eier
5 g Salz	50 cl Sauerrahm
1 Eigelb	250 g reifer Époisses-Käse
125 g Butter	1 Apfel
5 cl Wasser	100 g Kochschinken
	Salz, Pfeffer, Muskatnuss

Zubereitung des Mürbeteigs
- Das Mehl sieben und in der Mitte eine Mulde bilden. Darin das Salz, das Eigelb, die in Stücke geschnittene Butter und das Wasser gegeben. Alle Zutaten mit dem Mehl vermengen. Den Teig nicht zu lange kneten.
- In den Kühlschrank stellen.

Zubereitung des Belags
- In einer Schüssel die Eier mit dem Sauerrahm verrühren.
- Den Epoisses-Käse, Apfel und Kochschinken in kleine Stücke schneiden und unterrühren.
- Mit Salz, Pfeffer und etwas geriebener Muskatnuss abschmecken.
- Nach Geschmack können geröstete Speckwürfel hinzugegeben werden.

Zubereitung der Tarte
- Eine Tortenbodenform (26 cm Durchmesser) mit dem ausgerollten Teig auslegen.
- Mit dem Epoisses-Belag belegen.
- 30 Min. bei 180°C (Stufe 6) im Ofen backen.
- Warm servieren.

Der nach einem Dorf der Region Auxois benannte Epoisses-Käse ist während seiner ganze Reifung hindurch zum Verzehr geeignet.

Millefeuille mit Soumaintrain-Käse und Raps-Vinaigrette

Für 4 Personen

Millefeuille
200 g Blätterteig
1 Eigelb zum Bestreichen
1 Soumaintrain-Käse
1 Kopf Endiviensalat

Vinaigrette
1 Teelöffel Senf
5 cl Weinessig
15 cl Rapsöl
1 Schalotte
Salz und Pfeffer

- Den Teig 3 mm dick und 8 cm breit ausrollen.
- Mit der Gabel in regelmäßigen Abständen den Teig einstechen, damit er nicht zu sehr aufgeht.
- Mit Eigelb bestreichen.
- Auf einem Backblech bei 210°C (Stufe 7) 5 Min. backen, dann die Temperatur auf 180°C (Stufe 6) senken und weitere 15 bis 20 Min. backen.
- Aus dem Blätterteig 5 cm große Rechtecke schneiden.
- Blätterteig-Rechtecke und Soumaintrain-Scheiben im Wechsel zu vier Millefeuilles aufschichten.
- Zubereitung der Vinaigrette für den Salat: Senf, Essig, Salz und Pfeffer verrühren. Nach und nach Öl unterrühren, bis eine Emulsion entsteht. Die fein gehackte Schalotte zugeben.
- Die Millefeuilles im Ofen aufwärmen und heiß mit dem Endiviensalat und der Vinaigrette servieren.

Cake mit Ami-du-Chambertin-Käse und Weinbergschnecken

Für 6 bis 8 Personen

4 Eier
50 g Senf
100 g streichzarte (weiche) Butter
100 g Mehl
100 g Ami-du-Chambertin-Käse
1/3 Päckchen Backpulver
20 g gehackte Petersilie
5 g gehackter Knoblauch
24 Weinbergschnecken

- Die Eier in einer Schale aufschlagen und mit dem Quirl schaumig schlagen.
- Den Senf, die weiche Butter, das durchgesiebte Mehl und den in kleine Würfel geschnittenen Ami du Chambertin-Käse zugeben und unterrühren.
- 1/3 des Backpulver-Päckchens, die gehackte Petersilie, den gehackten Knoblauch und die Weinbergschnecken zugeben.
- Eine (ca. 24 cm lange) Kastenform mit Butter einfetten und mit der Zubereitung füllen.
- 50 Min. bei 180°C (Stufe 6) im Ofen backen.
- Warm servieren.

Der Cake kann auch mit einer aus Ami-du-Chambertin-Käse zubereiteten Sauce gereicht werden.

Blätterteigpasteten mit Weinbergschnecken und Steinpilzen

Für 6 Personen

6 Dutzend Weinbergschnecken
(ggf. aus der Dose)
100 g grobes Salz
10 cl Essig

Für die Brühe
50 cl Weißwein (z.B. Aligoté)
2 Möhren
4 Schalotten
1 Knoblauchknolle
1 Zweig Staudensellerie
1 mit Gewürznelken gespickte Zwiebel
1 Gewürzsträußchen (Porree, Petersilie, Thymian, Lorbeer)
Salz und Pfefferkörner

Blätterteigpastete
300 g Blätterteig
1 Eigelb

Sauce
150 g Butter
2 Schalotten
1 Möhre
4 cl Burgunder-Tresterbranntwein
10 g Mehl
1 Flasche Rotwein
10 cl Weinbergschnecken-Sud
2 Knoblauchzehen
6 kleine Steinpilze

Zubereitung der Brühe
• In einen Topf 50 cl Weißwein, klein geschnittene Möhren, Schalotten, Knoblauchzehen und ein Zweig Staudensellerie, das Gewürzsträußchen, die gespickte Zwiebel, Salz und Pfeffer geben.
• Schnecken zugeben, mit Wasser bedecken und 3 Std. auf kleiner Flamme köcheln lassen.

Zubereitung der Sauce
• In einem Topf die beiden fein gehackten Schalotten und die Möhre in 50 g Butter anschwitzen.
• Mit Burgunder-Tresterbranntwein flambieren und mit Mehl bestäuben.

- Solange garen, bis das Gemüse hellbraun ist.
- Den Wein, die Brühe und die zerdrückten Knoblauchzehen zugeben.
- Solange kochen lassen, bis die Sauce nicht mehr sauer ist.

Zubereitung der Blätterteigpasteten
- Blätterteig ausrollen, sechs gleichgroße Kreise ausstechen, mit Eigelb bestreichen und 20 Min. bei 180 °C (Stufe 6) im Ofen backen.
- Steinpilze in Scheiben schneiden und in 50 g Butter in einer Pfanne anbraten.
- Steinpilze und Weinbergschnecken mit der Sauce und 50 g Butter verrühren.
- Die warmen Blätterteigpasteten auf einem Teller mit der Sauce anrichten.

Weinbergschnecken im Gehäuse

Für 8 Personen

8 Dutzend Weinbergschnecken (ggf. aus der Dose)
8 Dutzend Gehäuse
500 g grobes Salz
50 cl Essig
1 Flasche Weißwein (Burgunder)
1 mit Gewürznelken gespickte Zwiebel
2 Möhren
1 Bund Suppengrün (Thymian, Lorbeer, Petersilie, ein Zweig Staudensellerie)
4 Knoblauchzehen
Salz und Pfeffer

Weinbergschneckenbutter
80 g Petersilie
40 g Schalotten
20 g Knoblauch
750 g Butter
18 g Salz
4 g Pfeffer
20 g Paniermehl (nach Belieben)

Zwei Tage zuvor
- Die Weinbergschnecken 24 Std. hungern lassen.
- Mit reichlich Wasser waschen und den Gehäusedeckel entfernen. Mit grobem Salz und Essig bedecken und 10 Std. lang den Schleim lösen lassen. Mehrmals mit Wasser abspülen. 30 Min. in kochendem Wasser abbrühen. Die Schnecken aus dem Gehäuse lösen und den Eingeweidesack entfernen. Nochmals gründlich waschen.

Am Tag der Zubereitung
- Die Schnecken in einen großen Topf geben und mit dreimal so viel Wasser bedecken. Wein, gespickte Zwiebel, Möhren, Bund Suppengrün, Knoblauchzehen zugeben, salzen und pfeffern. Zugedeckt 1 Std. kochen lassen.
- Petersilie, Knoblauch und Schalotten kleinhacken und mit der weichen Butter vermengen. Salzen, pfeffern und ggf. Paniermehl zugeben.
- In jedes Schneckengehäuse zunächst eine Butterflocke und (ohne zu stopfen) eine Schnecke geben. Das Gehäuse mit einer weiteren Butterflocke verschließen.
- Die Gehäuse mit nach oben zeigender Öffnung auf einem Backblech in den heißen Ofen schieben. Die Schnecken sind gar, sobald die Butter zu kochen beginnt.

Froschschenkel mit Petersilienbutter

Für 6 bis 8 Personen

12 Froschschenkel pro Person
100 g Mais- oder Weizenmehl
120 g Butter
Salz, weißer Pfeffer

Petersilienbutter
20 g gehackter Knoblauch
20 g Schalotten
40 g gehackte Petersilie
20 g Kerbel

2 Zitronen
300 g Butter
Salz, Pfeffer

Petersilienbrühe
100 g glatte Petersilie
20 g Butter
10 cl Wasser
Salz, Pfeffer

Zubereitung der Petersilienbrühe
- In 1 l kochendes Wasser die Petersilie 10 bis 15 Min. garen lassen.
- In kaltem Wasser abschrecken, abtropfen lassen und im Mixer pürieren.
- 10 cl Wasser und die Butter zugeben, salzen, pfeffern. Zur Seite stellen.

Zubereitung der Froschschenkel
- Die Froschschenkel salzen und pfeffern, in Mehl wenden.
- In der sehr heißen, geklärten Butter auf beiden Seiten anbraten, bis sie leicht braun sind.
- Aus der Pfanne nehmen und warm stellen.

Zubereitung der Petersilienbutter
- Knoblauch, Schalotten, Petersilie und Kerbel kleinhacken.
- Die Zitronen pressen.
- Die Kräutermischung und restliche Butter in die Pfanne geben. Vorsichtig verrühren, bis die Butter schaumig ist. Erst dann den Zitronensaft zugeben.
- Die Froschschenkel mit dieser Zubereitung begießen und die Teller bzw. Servierplatte mit etwas Petersilienbrühe anrichten.

Eier in Weinsauce

Für 6 Personen

Sauce
50 g Butter
100 g Speckwürfel
1 Zwiebel
3 Schalotten
1 Knoblauchzehe
3 Möhren
20 g Mehl
1 l Rotwein (Bourgogne Passetoutgrain)
1 Gewürzsträußchen
50 cl Fleisch- oder Geflügelfond
Salz, Pfeffer

Beilage
200 g Champignons
50 g Butter
100 g Speckwürfel
6 Weißbrotscheiben
1 Knoblauchzehe
12 ganze Eier

Pochieren der Eier
50 cl Rotwein
20 cl Weinessig
10 g Salz

Zubereitung der Sauce
• In einem Kochtopf Butter auslassen und darin die Speckwürfel, Zwiebel, fein gehackten Schalotten, zerdrückte Knoblauchzehe und in Scheiben geschnittenen Möhren anbraten.
• Mit Mehl bestäuben und solange garen lassen, bis eine dunkle Mehlschwitze entsteht.
• 1 l Rotwein und das Gewürzsträußchen zugeben. Auf die Hälfte einkochen lassen.
• Den Fleischfond zugeben, salzen, pfeffern. Solange einkochen lassen, bis die Sauce am Löffel haftet.
• Sauce durch ein Sieb streichen. Zur Seite stellen.

Zubereitung der Beilage
• Champignons klein schneiden und in Butter schwenken.
• Speckwürfel anbraten.
• Brotscheiben mit Knoblauch einreiben und rösten.

Zubereitung der Eier
- 1 l Wasser, Rotwein, Essig und Salz in einen Topf geben und aufkochen lassen. Die Eier über dem Sud aufschlagen und sie darin 3 Min. lang pochieren.
- Mit dem Schaumlöffel die pochierten Eier herausnehmen.
- Die Eier in Schalen zur Weinsauce geben und mit den gerösteten Brotscheiben und Speckwürfeln anrichten.

Flusskrebse in Aligoté-Weincreme

Für 6 Personen

6 Flusskrebse pro Person
90 g Butter
1 Zwiebel
1 Knoblauchzehe
3 Schalotten
50 g Staudensellerie
10 cl Burgunder-Trester-brannt-wein
1 Flasche Aligoté Wein
50 cl Schlagsahne
Salz, Pfeffer

- Den Darmstrang der Flusskrebse entfernen. Hierzu hinten am Schwanz die Schuppe in der Mitte anheben und ruckartig ziehen.
- In einem Topf 60 g Butter auslassen. Darin Zwiebel, Knoblauch, Schalotten und fein gehackte Sellerie (3 x 3 mm) leicht andünsten.
- Die Flusskrebse zugeben und 2 bis 3 Min. kochen lassen.
- Mit Burgunder-Tresterbranntwein flambieren.
- Weißwein zugeben und einkochen lassen.
- Sahne unterrühren und 5 Min. kochen lassen.
- Die Flusskrebse aus dem Topf nehmen und auf den Tellern bzw. der Servierplatte anrichten.
- Sauce weiter einkochen lassen, salzen, pfeffern und mit der restlichen Butter binden.
- Die Flusskrebse mit der Sauce übergießen.

Fischgerichte

Mit Schnecken gefülltes Zanderfilet und Weinschaumcreme

Für 6 Personen

1 Zander von 1,5 bis 2 kg

Weinschaumcreme
50 g Butter
2 Schalotten
30 cl Crémant de Bourgogne (Schaumwein)
3 Eigelb
10 cl Crème fraîche
150 g weiche Butter
Saft von 1 Zitrone
Salz, Pfeffer

Füllung
1 Zwiebel
200 g Champignons
100 g Butter
2 Dutzend Weinbergschnecken (ohne Gehäuse)
200 g Schweinenetz
Salz, Pfeffer

Zubereitung der Füllung
• In einer Pfanne 50 g Butter auslassen und die fein gehackten Zwiebeln und Champignons darin andünsten.
• Sobald das Wasser der Champignons verdunstet ist, die klein geschnittenen Schnecken zugeben. Salzen, pfeffern und 2 bis 3 Min. kochen lassen.
• Die Füllung in den Kühlschrank stellen.

Zubereitung der Filets
• Den Zander filetieren und entgräten.
• Die Filets einschneiden und füllen.
• Die Filets mit dem Schweinenetz umwickeln.
• In Portionen schneiden und salzen und pfeffern.
• Die gefüllten Fischfilets auf beiden Seiten in 50 g Butter anbraten und 5 Min. bei 200°C (Stufe 6/7) im Ofen garen.

Zubereitung der Weinschaumcreme
• In einem Topf 50 g Butter auf sehr kleiner Flamme auslassen.
• Die fein gehackten Schalotten und den Crémant de Bourgogne zugeben und auf die Hälfte einkochen lassen.
• Die drei Eigelbe zugeben und mit dem Schneebesen verrühren, bis sie andicken.
• Dann die Crème fraîche, die weiche Butter und den Zitronensaft unterrühren. Salzen und pfeffern.
• Prüfen, ob die gefüllten Filets gar sind, und sie aus dem Ofen nehmen. Die Filets mit der Weinschaumcreme übergießen.

Fischragout „Pauchouse"

Für 6 Personen

2 kg Flussfische	1 Flasche trockener Weißwein (z.B. Aligoté)
Sauce	50 g Speckwürfel
2 Zwiebeln	30 cl Crème fraîche
3 Schalotten	Salz, Pfeffer
1 Stange Porree (grüner Teil)	
100 g Butter	*Beilage*
1 Gewürzsträußchen	6 Weißbrotscheiben
1 Knoblauchknolle	1 Knoblauchzehe

- Die Fische schuppen, reinigen und ausnehmen. Köpfe aufbewahren und zum Ausbluten in klares Wasser legen.
- Die Fische in Portionen schneiden (ggf. filetieren und entgräten).
- Eine Zwiebel, eine Schalotte und den Porree kleinhacken und mit den Fischköpfen (und den Gräten, sofern einige Fische filetiert wurden) in 50 g Butter anbraten.
- Gewürzsträußchen, eine Knoblauchknolle und 25 cl Weißwein zugeben und einkochen lassen.
- 1 l Wasser aufgießen und aufkochen lassen. Den Sud 1 Std. auf sehr kleiner Flamme köcheln lassen.
- Den Sud durch ein Sieb gießen, um eine klare Fischbrühe zu erhalten.
- Die andere Zwiebel und die beiden Schalotten kleinhacken und in einem Topf in der restlichen Butter mit den Speckwürfeln anbraten.
- Salzen, pfeffern, 50 cl Weißwein zugeben und auf die Hälfte einkochen lassen.
- Mit 50 cl Fischbrühe aufgießen, die Fischstücke hinzufügen und 5 Min. garen lassen.
- Die Crème fraîche unterrühren. Die Sauce bis zur gewünschten Konsistenz einkochen lassen.
- Salzen und pfeffern. Das Fischragout in tiefen Tellern servieren.
- Die Brotscheiben mit Knoblauch einreiben, im Ofen rösten, in Würfel schneiden und zum Ragout reichen.

Seit etlichen Jahrzehnten machen sich das Burgund und die Franche-Comté die Herkunft der „Pauchouse" streitig. Tatsächlich geht dieses Rezept auf beide Regionen zurück.

Hechtklößchen mit Sauerampfercreme

Für 6 Personen

Panade
15 cl Milch
40 g Butter
3 g Salz
1 Prise weißer Pfeffer
1 Prise geriebene Muskatnuss
80 g Mehl

Füllung
500 g Hechtfleisch (oder ein Hecht von ca. 1 kg)
15 cl Sauerrahm
100 g streichzarte Butter
20 g Dijon-Senf
60 g gehackte Schalotten
10 g gehackte Petersilie
10 g Salz
1 Prise weißer Pfeffer
1 Prise Cayenne-Pfeffer
4 ganze Eier

Sauerampfercreme
20 g Butter
50 g Schalotten
200 g Sauerampfer
30 cl trockener Weißwein (z.B. Aligoté)
40 cl Schlagsahne
Weißer Pfeffer, Salz

Zum Überbacken
100 g geriebener Comté- oder Gruyère-Käse

Zubereitung der Panade
- In einem Topf die Milch mit der Butter, Salz, Pfeffer und Muskatnuss aufkochen.
- Das Mehl mit einem Spachtel unterrühren und bei milder Hitze 2 bis 3 Min. anschwitzen.
- Die Panade kühl stellen.

Zubereitung der Klöße
- Den Hecht filetieren, entgräten und enthäuten. Das Fischfleisch kleinhacken und durch ein Sieb streichen.
- Die kalte Panade einarbeiten, um einen glatten Teig zu erhalten.
- Crème Fraîche, weiche Butter, Senf, gehackte Schalotten und Petersilie sowie Salz, Pfeffer und Cayenne-Pfeffer zugeben.
- Nach und nach die aufgeschlagenen Eier unterheben.
- Mit Löffeln aus der Zubereitung Klößchen formen.
- Die Klöße 10 Min. in siedendem Salzwasser pochieren.

Zubereitung der Sauerampfercreme
- In einer Pfanne Butter auslassen und darin die gehackten Schalotten sowie den klein geschnittenen Sauerampfer anschwitzen.
- Weißwein zugeben und einkochen lassen.
- Schlagsahne zugeben und die Sauce im Mixer pürieren. Salzen und pfeffern.

Anrichten
- Die Klößchen in einer Auflaufform anrichten, mit der Sauerampfercreme übergießen und mit geriebenem Käse bestreuen.
- Im Ofen überbacken.

Geflügelgerichte

Hähnchen à la Gaston Gérard

Für 6 Personen

1 Freilandhähnchen von 1,8 kg
5 cl Öl
100 g Butter
1 Schalotte
2 Zwiebeln
30 cl trockener Weißwein (z.B. Aligoté)
50 cl Crème fraîche
80 g Dijon-Senf
100 g geriebener Gruyère-Käse
Salz, Pfeffer

- Das Hähnchen zerlegen.
- In einem Schmortopf die Stücke in Öl und Butter 15 Min. anbraten, aus dem Topf nehmen und das Fett abtropfen lassen.
- Im selben Topf die fein gehackte Schalotte und fein gehackten Zwiebeln in 50 g Butter andünsten. Den Wein und die Fleischstücke zugeben.
- Einige Minuten schmoren lassen und die Crème fraîche unterrühren.
- Salzen, pfeffern und 20 Min. auf kleiner Flamme köcheln lassen.
- Die Geflügelstücke aus dem Topf nehmen und die Sauce mit Senf binden.
- In eine Auflaufform die Hälfte des geriebenen Käses, die Fleischstücke und die Sauce geben. Mit dem restlichen Käse bestreuen und im Ofen überbacken. Servieren.

Nicht nur Félix Kir, genannt Kanonikus Kir, gab einer burgundischen Spezialität seinen Namen, sondern auch ein anderer ehemaliger Bürgermeister von Dijon: Gaston Gérard, nach dem dieses Geflügelgericht benannt wurde.

Coq au vin

Für 8 Personen

1 Hahn von 2 kg
50 g Butter
5 cl Öl
200 g Silberzwiebeln
200 g Speckwürfel
200 g Champignons
30 g Mehl
5 cl Burgunder-Tresterbranntwein
1 Flasche Rotwein (Burgunder)
1 Zwiebel
1 Möhre
3 Knoblauchzehen
1 Gewürzsträußchen (Petersilie, Thymian, Lorbeer)
10 cl Geflügelblut (nach Belieben)
Salz, Pfeffer

- Den Hahn zerlegen und die Leber für die Sauce zurückbehalten.
- In einem Topf die Silberzwiebeln, Speckwürfel und in Scheiben geschnittenen Champignons in Butter und Öl anbraten, aus dem Topf nehmen und zur Seite stellen.
- Im selben Topf die Fleischstücke anbraten, salzen, pfeffern und mit Mehl bestäuben.
- Mit Burgunder-Tresterbranntwein flambieren.
- Mit Rotwein aufgießen und die in große Stücke geschnittene Zwiebel und Möhren, zerdrückten Knoblauchzehen und das Gewürzsträußchen zugeben.
- Zugedeckt 2 Std. bei sehr schwacher Hitze köcheln lassen.
- Zum Schluss das Gewürzsträußchen herausnehmen und die Silberzwiebeln, Speckwürfel und Champignons zugeben.
- Die Leber im Geflügelblut (sofern beim Metzger erhältlich) zerdrücken und in die Sauce unterrühren.
- Servieren.
- Dieses Gericht kann mit gerösteten Brotwürfeln serviert werden.

Coq au vin ist ein uraltes Rezept, das sozusagen seinen Ursprung in der burgundischen Mythologie findet. Früher war es ein Festgericht, mit dem u.a. das Ende der Erntezeit feierlich begangen wurde.

Mit Lebkuchen gefüllter Kapaun mit Ratafia-Bratensauce

Für 8 Personen

1 Freilandkapaun von 3,5 kg
4 reife Quitten
2 Esslöffel Öl
100 g Butter
10 Knoblauchzehen
Salz, Pfeffer

Füllung
100 g Lebkuchen
100 g Rosinen

Bratensauce
20 cl Weißwein
30 cl Ratafia (Fruchtsaftlikör)
50 cl Geflügelfond (Instant)

- Den Kapaun ausnehmen und säubern (abflammen und ggf. verbliebenen Flaum entfernen). Den Kapaun von innen mit Pfeffer und Salz einreiben. Mit dem in Würfel geschnittenen Lebkuchen und den Rosinen füllen. Den Kapaun zubinden.
- Den Ofen auf 200°C (Stufe 6/7) vorheizen.
- In der Zwischenzeit die Quitten schälen, entkernen und in Würfel schneiden. In einen Topf geben und mit Wasser bedecken. 5 Min. kochen lassen und bei Seite stellen.
- In einem feuerfesten Schmortopf Öl und 50 g Butter auslassen. Den Kapaun bei mäßiger Hitze von allen Seiten goldbraun anbraten, die Knoblauchzehen und die Quitten zugeben und den Topf in den Ofen schieben.
- Nach einer halben Std. Garzeit mit Weißwein und Ratafia ablöschen. 5 Min. einkochen lassen und den Geflügelfond zugeben. 1 weitere Stunde schmoren lassen und den Kapaun immer wieder mit dem Bratensaft begießen.
- Den garen Kapaun zerlegen. Mit seiner Füllung und den Quitten servieren und mit der Bratensauce begießen.

Fleischgerichte

Schinken mit Chablis

Für 8 Personen

Schinken
2 kg leicht gepökelter Schinken
1 mit Gewürznelken gespickte Zwiebel
2 Möhren
2 Knoblauchzehen
1 Schwarte
1 Schweinsfuß
1 Gewürzsträußchen (Petersilie, Thymian, Lorbeer)
1 Flasche Chablis (oder Aligoté)
Pfefferkörner

Oder: 8 dicke Scheiben fertig zubereiteter Kochschinken

Beilage
30 g Butter
3 Schalotten
150 g Champignons
½ Flasche Chablis
40 cl Kochsud (oder Instantbrühe)
40 cl Crème fraîche mit höherem Fettgehalt
1 Esslöffel Senf (nach Belieben)

- Den Schinken 1 Std. in kaltem Wasser entsalzen.
- In einen Schmortopf geben, mit Wasser bedecken. Die gespickte Zwiebel, kleingeschnittenen Möhren und Knoblauchzehen, die Schwarte, den Schweinsfuß, das Gewürzsträußchen, die Pfefferkörner und die Flasche Chablis zugeben. Zugedeckt 2 Std. garen lassen.
- Den Sud durch ein Spitzsieb gießen und auf die Hälfte einkochen lassen.
- In einem Bräter die Butter bei milder Hitze auslassen und darin die fein gehackten Schalotten und in Scheiben geschnittenen Champignons andünsten.
- Mit der halben Flasche Chablis ablöschen und auf die Hälfte einkochen lassen.
- Mit dem Kochsud (oder der Instantbrühe) aufgießen und erneut auf die Hälfte einkochen lassen.
- Die Crème fraîche und den Senf unterrühren und einkochen lassen.
- Die Schinkenscheiben zugeben.
- Ggf. mit Salz und Pfeffer abschmecken.
- 5 Min. im Ofen garen.

Eintopf aus dem Morvan

Für 6 bis 8 Personen

1 leicht gepökeltes Eisbein
1 Schweineschwanz (nach Belieben)
1 mit Gewürznelken gespickte Zwiebel
300 g gepökelter Speck
1 Gewürzsträußchen (Petersilie, Thymian, Lorbeer)
300 g leicht gepökelte Schälrippchen vom Schwein
300 g leicht gepökelte Schweineschulter
6 Möhren
6 weiße Rüben
1 Wirsing
2 dicke Porreestangen
2 Räucherwürste (oder Morteau)
12 Frühkartoffeln
500 g grüne Bohnen
Einige schwarze Pfefferkörner

- In einen mit Wasser gefüllten Schmortopf das Eisbein, den Schweineschwanz, die gespickte Zwiebel, das Gewürzsträußchen, den Speck und einige schwarze Pfefferkörner geben.
- Aufkochen und dann 1 Std. garen lassen.
- Schälrippchen und Schulterstück dazu geben und 1 weitere Std. garen lassen.
- Die geschälten ganzen Möhren und Rüben sowie den halbierten Wirsing und halbierten Porree zugeben. 1 Std. zugedeckt auf kleiner Flamme garen lassen.
- Zuletzt die halbierten Würste, die ganzen Kartoffeln und die grünen Bohnen zugeben und solange kochen lassen, bis die Kartoffeln gar sind.
- Mit Salz und Pfeffer abschmecken.
- Zum Servieren das Fleisch und Gemüse aus dem Topf nehmen, auf einer Platte anrichten und großzügig mit der Brühe übergießen

Nach Belieben lassen sich zu diesem Eintopf auch geröstete Brotscheiben reichen.

Andouillette auf Winzerart

Für 8 Personen

800 g Bohnen (der Sorte „chair de Chéu" oder gleichwertig)
1 mit Gewürznelken gespickte Zwiebel
3 Schalotten
3 Knoblauchzehen
1 Möhre
1 Gewürzsträußchen (Petersilie, Thymian, Lorbeer)
1 Schweineschwanz
1 Schwarte
1 Scheibe Räucherspeck
1 Flasche Weiß- oder Rotwein (je nach Vorliebe)
50 g Butter
1 Esslöffel Schmalz
8 Andouillette-Würste aus Chablis (oder Clamecy)
Salz und Pfeffer

Am Vortag
- Die Bohnen über Nacht einweichen.

Am Tag der Zubereitung
- In einen Topf mit reichlich Wasser die Bohnen, gespickte Zwiebel, eine Schalotte, drei Knoblauchzehen, die Möhre, das Gewürzsträußchen, den Schweineschwanz, die Schwarte, den Räucherspeck und zwei Drittel des Weins geben. 50 Min. kochen lassen. Gegen Ende der Garzeit salzen und pfeffern.
- Den Schweineschwanz, die Schwarte und das Gewürzsträußchen aus dem Topf nehmen. Die Bohnen in eine feuerfeste Form geben und bei Seite stellen.
- In einem Bräter 50 g Butter und einen Esslöffel Schmalz auslassen. Darin die zuvor mit einer Gabel eingestochenen Andouillette-Würste geben und goldbraun braten. Zwei fein gehackte Schalotten zugeben.
- Das Fett abschöpfen und mit dem restlichen Wein ablöschen (der Wein rundet das Aroma der Würste ab).
- Zusammen mit den Bohnen in der Form anrichten und 15 Min. bei 200°C (Stufe 6/7) im Ofen garen.

Kalbsnierchen mit Chablis und Senf

Für 6 Personen

6 Kalbsnierchen
5 cl Öl
100 g Butter
3 Schalotten
500 g Champignons
40 cl Chablis-Weißwein
20 cl Fleischfond
100 g Dijon-Senf
Salz, weißer Pfeffer

- Fett und Haut von den Nierchen entfernen.
- In einem Bräter die Nierchen in sehr heißem Öl und 50 g Butter anbraten, bis sie leicht braun sind. Salzen und pfeffern.
- 10 Min. bei mittelstarker Hitze im Backofen garen.
- Die Nierchen aus dem Bräter nehmen und warm stellen.
- Das Fett abschöpfen und die restlichen 50 g Butter unter die Bratsauce rühren. In feine Scheiben geschnittene Schalotten und Champignons zugeben und anbraten.
- Mit Weißwein ablöschen und auf die Hälfte einkochen lassen.
- Den Fleischfond zugeben. 3 Min. garen lassen und Senf unterrühren. Die Sauce darf nicht kochen. Salzen und pfeffern.
- Die Sauce abschmecken und bei zu intensivem Geschmack einige Flöckchen Butter zugeben.
- Die Nierchen in Scheiben schneiden. Auf einer Platte anrichten und mit Sauce übergießen.

Boeuf Bourguignon

Für 6 bis 8 Personen

1,5 kg Bug- Schulter- Nacken- oder Schwanzstück vom Rind	1½ Flasche Rotwein (Burgunder)
50 g Butter	2 zerdrückte Knoblauchzehen
5 cl Öl	1 Gewürzsträußchen
100 g Speckwürfel	(Petersilie, Porree, Thymian, Lorbeer)
2 Zwiebeln	
2 Möhren	Gewürze (nach Belieben)
230 g Mehl	Salz, schwarzer Pfeffer

- Das Fleisch säubern und in gleichgroße Stücke zerlegen.
- In einem Schmortopf Speckwürfel, Fleischstücke und dann die fein gehackten Zwiebeln und Möhren in Butter und Öl goldbraun anbraten, dann mit 30 g Mehl bestäuben und mit Rotwein bedecken.
- Den zerdrückten Knoblauch und das Gewürzsträußchen zugeben, salzen, pfeffern und zugedeckt auf kleiner Flamme 2 bis 3 Std. garen lassen (je nach Größe und Art der Fleischstücke).
- Gegen Ende das Fleisch und Gewürzsträußchen herausnehmen und die Sauce eindicken lassen, sollte sie zu dünnflüssig sein. Servieren.

Zum Garen kann der Deckel des Schmortopfes hermetisch mit einem aus 200 g Mehl und etwas Wasser zubereiteten Teig verschlossen werden. Der zur Rolle geformte Teig schließt den Spalt zwischen Deckel und Topfrand.

Nachspeisen

Kirschkuchen Rigodon

Für 6 bis 8 Personen

280 g Mehl
5 g Salz
125 g Zucker
7 Eier
10 g Backhefe
150 g Butter
20 g zerlassene Butter
25 cl Milch
25 cl Sauerrahm
1 Teelöffel flüssige Vanille
500 g entsteinte Kirschen

Am Vortag

- Das Mehl sieben und in der Mitte eine Mulde bilden. Darin das Salz, 25 g Zucker, ein Ei und die Hefe geben. Alle Zutaten vermengen und mit etwas lauwarmem Wasser verrühren.
- Die zwei Eier zugeben. Den Teig kneten, bis er sich von der Arbeitsfläche löst.
- 150 g Butter zugeben.
- Den Teig bei Zimmertemperatur 2 Std. gehen lassen.
- Nochmals den Teig dehnen und falten und 8 Std. in den Kühlschrank stellen.

Am Tag der Zubereitung

- Eine Backform mit zerlassener Butter einfetten, mit etwas Mehl bestäuben und den Hefeteig hineinlegen. Den Teig erneut gehen lassen und 30 Min. bei 180°C (Stufe 6) im Ofen backen.
- 200 g dieses Hefekuchens in 1 x 1 cm große Würfel schneiden.
- In einer Schüssel vier Eigelb mit 100 g Zucker schaumig schlagen. Milch, Sahne und flüssige Vanille unterrühren. Die entsteinten Kirschen und Hefekuchenwürfel zugeben.
- Die Zubereitung in eine Kastenform füllen und 40 Min. bei 170°C (Stufe 5/6) backen.
- Der Kirschkuchen kann mit Marmelade, Crème fraîche oder passierten roten Früchten serviert werden.

Der Rigodon war eine sehr beliebte Nachspeise im Niederburgund. Früher wurde der daheim zubereitete Kuchen zum Ausbacken zum Bäcker gebracht.

Mandelbiskuit mit Crémant de Bourgogne und Obstkaltschale

Für 8 Personen

Mandelbiskuit
50 g gemahlene Mandeln
15 g Mehl
65 g Puderzucker
3 Eiweiß
50 g Zucker

Sahnecreme
210 g Zucker
8 Eigelb
Geriebene Schale von 1 Apfelsine
15 g Zitronensaft
7 Blatt Gelatine
30 cl Crémant de Bourgogne (Schaumwein)
40 cl Schlagsahne

Obstkaltschale
5 cl Burgunder-Tresterbranntwein
40 cl Crémant de Bourgogne
100 g Zucker
100 g getrocknete Aprikosen
500 g Pfirsiche
500 g Apfelsinen
500 g Weintrauben

Am Vortag
Zubereitung der Sahnecreme
- Den Zucker bei 120°C schmelzen.
- Diesen Zuckersirup über die Eigelbe gießen. Mit dem Schneebesen schaumig schlagen.
- Die geriebene Orangenschale, den Zitronensaft und die aufgeweichte Gelatine unterrühren.
- Den Crémant de Bourgogne und die steif geschlagene Sahne unterheben.

Zubereitung des Biskuits
- Die gemahlenen Mandeln, das Mehl und den Puderzucker verrühren.
- Das Eiweiß steif schlagen und mit dem Zucker unter die Zubereitung heben.
- Den Teig in einen Spritzbeutel füllen und 8 cm große Kreise auf ein Backblech spritzen.
- 8 Min. bei 180°C (Stufe 6) im Ofen backen.
- Mit Ausstechformen von 7 cm Durchmesser und 4 cm Höhe Kreise ausstechen.
- Mit der Sahnecreme garnieren und 6 Std. in den Kühlschrank stellen.

Am Tag der Zubereitung
Zubereitung der Kaltschale
- Burgunder-Tresterbranntwein, Crémant und Zucker zu einem Sirup aufkochen.
- Die getrockneten Aprikosen zugeben und alles pürieren.
- Die Pfirsiche, Apfelsinen und Weintrauben in Stücke schneiden und zum Püree geben.
- Die Sahnecreme-Biskuits aus den Formen lösen und mit der Kaltschale servieren.

Zu diesem Rezept kann auch ein Milch-Zitronensorbet gereicht werden.

Lebkuchen mit Rotweinbirnen

Für 6 Personen

Rotweinbirnen
1 Flasche Rotwein (Burgunder)
1 Stange Zimt
1 Apfelsine
1 Zitrone
400 g Zucker
6 Williamsbirnen
Johannisbeersorbet

Lebkuchen
6 grüne Anissamen
30 g Zimt
20 g Muskatnuss
4 Gewürznelken
5 Wacholderbeeren
100 g geriebene Orangenschale
200 g Honig
200 g Zucker
190 g Butter
30 cl Wasser
220 g Maismehl
220 g Weizenmehl
40 g Backpulver
80 g Rohrzucker

Zubereitung der Birnen
- Den Wein mit Zimtstange, Apfelsine, Zitrone und Zucker aufkochen.
- 50 cl Wasser zugeben und darin die zuvor geschälten ganzen Birnen ziehen lassen.

Zubereitung des Lebkuchens
- In einem Topf den Honig, den Zucker, 150 g Butter, das Wasser, die zuvor fein gemahlenen Gewürze und geriebene Orangenschale zum Kochen bringen.
- Lauwarm werden lassen und Mehl und Backpulver unterrühren.
- Eine Kuchenform (10 x 10 x 20 cm) mit der restlichen zerlassenen Butter (40 g) einfetten und mit Zucker ausstreuen.
- Den Lebkuchenteig in die Form füllen und 45 Min. bei 170°C (Stufe 5/6) im Ofen backen.

Anrichten
- Die Rotweinbirnen auf Tellern oder einer Servierplatte anrichten.
- Mit einer Scheibe Lebkuchen und dem Sorbet servieren.

Philipp der Gute, Herzog von Burgund, brachte das Lebkuchenrezept 1452 von seiner Schlacht in Flandern mit – damals bekannt unter der Bezeichnung Honigkuchen.

Weinbergpfirsich-Terrine mit Ratafia

Für 8 Personen

Terrine
400 g Zucker
60 cl Wasser
Saft von 1 Apfelsine
8 Weinbergpfirsiche
2 Birnen
100 g g schwarze Johannisbeeren
100 g rote Johannisbeeren
20 cl Ratafia (Fruchtsaftlikör)

100 g Erdbeermarmelade
5 Blatt Gelatine
200 g Himbeeren

Obstpüree
300 g Erbeeren
10 cl Pfirsichlikör
Saft von 1 Zitrone

Am Vortag
- In einem Topf Zucker, Wasser und Apfelsinensaft zu einem Sirup aufkochen.
- Die Pfirsiche 10 Min. darin pochieren, herausnehmen und bei Seite stellen.
- Die geviertelten Birnen, danach die schwarzen und roten Johannisbeeren in diesem Sirup kochen. Das gekochte Obst herausnehmen, bei Seite stellen und den Sirup aufbewahren.
- In einem anderen Topf die zerdrückten gekochten Birnen mit Ratafia, Erdbeermarmelade und der zuvor in warmem Wasser eingeweichten Gelatine verrühren.
- Die Terrine schichtweise mit den halbierten Pfirsichen, roten und schwarzen Johannisbeeren, Himbeeren und der Birnen-Ratafia-Zubereitung füllen.
- Die Terrine ca. 6 Std. in den Kühlschrank stellen.

Am Tag der Zubereitung
- Die Erdbeeren mit 10 cl Sirup pürieren.
- 10 cl Pfirsichlikör und den Zitronensaft unterrühren.
- Das Obstpüree in den Kühlschrank stellen.
- Die Terrine in Scheiben schneiden und mit dem Obstpüree anrichten. Sehr kalt servieren.

Inhaltsverzeichnis

Kalte Vorspeisen 4
Tomatenterrine
mit Vézelay-Ziegenkäsey 4
Salat mit Andouillette aus
Chablis und mit Grieben 5
Geschmorter Ochsenschwanz
in Aspik 6
Petersilien-Schinken-Sülze 8

Warme Vorspeisen 9
Corniotte (Käsetaschen) 9
Käsewindbeutel 10
Tarte mit Époisses-Käse 12
Millefeuille mit Soumaintrain-Käse
und Raps-Vinaigrette 14
Cake mit Ami-du-Chambertin-Käse
und Weinbergschnecken 15
Blätterteigpasteten mit Weinberg-
schnecken und Steinpilzen 16
Weinbergschnecken im Gehäuse 18
Froschschenkel mit
Petersilienbutter 19
Eier in Weinsauce 20
Flusskrebse in Aligoté-Weincreme 22

Fischgerichte 23
Mit Schnecken gefülltes Zanderfilet
und Weinschaumcreme 23
Fischragout „Pauchouse" 24
Hechtklößchen mit Sauerampfercreme ...27

Geflügelgerichte 28
Hähnchen à la Gaston Gérard 28
Coq au vin 29
Mit Lebkuchen gefüllter Kapaun
mit Ratafia-Bratensauce 30

Fleischgerichte 32
Schinken mit Chablis 32
Eintopf aus dem Morvan 33
Andouillette auf Winzerart 34
Kalbsnierchen mit Chablis und Senf 36
Bœuf Bourguignon 38

Nachspeisen 40
Kirschkuchen Rigodon 40
Mandelbiskuit mit Crémant
de Bourgogne und Obstkaltschale 41
Lebkuchen mit Rotweinbirnen 42
Weinbergpfirsich-Terrine mit Ratafia 44

Links: Reibeplätzchen aus Kartoffeln

EBENFALLS IM VERLAG ÉDITIONS OUEST-FRANCE ERSCHIENEN

Éditions **OUEST-FRANCE**
Rennes

Herausgeber Jérôme Le Bihan
Gestaltung
Grafikstudio des Verlags Éditions Ouest-France
Übersetzung und Layout id2m
Fotogravüre Graph&Ti, Rennes (35)
Druck Gibert Clarey, Chambrey-lès-Tours (37)

© 2019, Éditions Ouest-France
Édilarge SA, Rennes
ISBN: 978-2-7373-7819-5
Gesetzliche Hinterlegung: Juin 2019
Herausgeber-Nr.: 8914.01.01.06.19

Printed in France
www.editionsouestfrance.fr